IK 8 662

CARTHAGE RETROUVÉE

C'EST A BOUGIE DE L'ALGÉRIE

QU'A EXISTÉ CARTHAGE

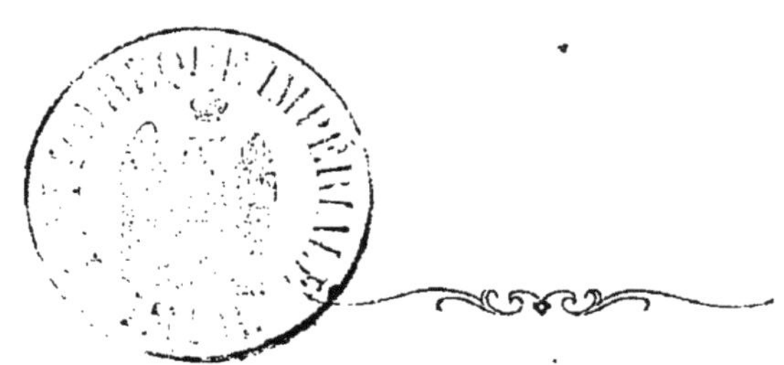

PARIS

LIBRAIRIE MILITAIRE, MARITIME ET POLYTECHNIQUE

DE J. CORRÉARD

Libraire-éditeur et libraire-commissionnaire

RUE SAINT-ANDRÉ DES ARTS, 58.

1856

CARTHAGE RETROUVÉE

C'est à Bougie de l'Algérie qu'a existé Carthage

Tout le monde connaît l'histoire de cette ville qui a joué un si grand rôle dans la Méditerranée, qui, après avoir succombé sous l'effort de la République romaine, et s'être ensuite relevée de ses ruines au temps des empereurs, a fini par disparaître entièrement de la terre d'Afrique sous le coup de l'invasion des Arabes. Mais ce que peu de personnes savent, c'est que les tentatives faites jusqu'ici pour expliquer, au moyen de l'emplacement qu'on attribuait à cette cité, les événements dont elle a été le théâtre, ont toujours rencontré de grandes difficultés, et qu'il est toujours resté douteux pour beaucoup de personnes qu'elle ait pu exister sur le point où on la plaçait.

De cette incertitude naissait la question de savoir quel était l'emplacement qu'elle avait dû occuper : c'est à quoi répond M. Rabusson, auteur d'une

brochure qui vient de paraître à la librairie Corréard (1), sous le titre de : *De la géographie du
nord de l'Afrique pendant les périodes romaine et
arabe ;* et dans laquelle l'auteur assigne pour emplacement à Carthage, l'emplacement même de la
ville actuelle de Bougie en Algérie. Une opinion
aussi nouvelle ne peut toutefois se produire sans
qu'on se demande comment il se fait que les peuples de l'Europe aient pu commettre une pareille
méprise, car la ville de Bougie est éloignée non pas
de quelques lieues seulement, mais de cent lieues
de l'emplacement où jusqu'ici l'on plaçait Carthage. M. Rabusson voit la cause de cette méprise
dans l'interruption qu'ont éprouvée les relations
de l'Europe avec l'Afrique lors de la conquête des
Arabes. On sait qu'au sixième siècle de notre ère,
l'entrée en Afrique des Arabes, qu'animait à un si
haut degré l'esprit d'hostilité contre les peuples
chrétiens, a eu pour résultat d'interrompre pendant
un grand nombre d'années les rapports de l'Europe avec le continent africain ; on sait aussi que
cette invasion a eu pour effet d'amener la destruction de la plupart des villes qui existaient en Afrique, de changer le nom de celles qui survivaient,
et de substituer d'autres noms aux noms que por-
taient les fleuves et les montagnes. C'est dans cette
perturbation si profonde introduite dans les choses

(1) Un vol. in-8 ; prix : 5 fr.

de l'Afrique, que M. Rabusson voit l'origine des
grandes méprises qui quelques siècles plus tard,
furent commises, lorsque les Européens renouèrent
des relations avec le littoral africain. Mais en outre
ce ne fut pas seulement du côté du continent africain que s'était produite une perturbation pareille; on en avait éprouvé une analogue du côté
du continent européen, par l'effet de la chute de
l'empire romain et de l'apparition des nations nouvelles qui avaient surgi de ses débris. Or, ce furent
ces nations nouvelles qui renouèrent avec l'Afrique
les relations interrompues depuis plusieurs siècles;
et elles ne purent avoir, pour se guider dans le ré-
tablissement des anciens rapports, ces traditions
du passé qu'aurait eues la société romaine, si c'eût
été elle qui eût été appelée à le faire. Des deux parts
c'étaient des acteurs nouveaux qui paraissaient sur
la scène, et qui ne se trouvaient être, ni les uns
ni les autres, au fait de ce qui s'était précédem-
ment passé aussi bien chez leurs voisins que chez
eux-mêmes; de là ces méprises, de là la gravité
qu'elles présentent. Nous disons ces méprises, parce
qu'en effet celle relative à Carthage n'est pas la
seule qui ait été commise, l'auteur en indique un
grand nombre dans sa préface; il en est même
quelques-unes d'entre elles qui ne le cèdent pas
en importance à celle relative à Carthage, toute
grave qu'est celle-ci. Mais comme l'auteur se borne
à les signaler, qu'il se réserve de les discuter dans

des publications ultérieures, nous n'avons pas à nous en occuper présentement ; ce sera donc dans l'exposé de ce qui est relatif à Carthage que se renfermera notre examen. Néanmoins, et afin que l'on puisse se faire une idée de l'ensemble des rectifications qu'il annonce, nous dirons qu'elles portent sur tout le littoral méditerranéen qui s'étend de la vallée du Nil à celle de l'Ebre en Espagne ; indication qui peut faire juger de la place que le travail semble destiné à occuper dans l'histoire et la géographie du bassin de la Méditerranée. — Nous passons avec l'auteur à l'exposé de la rectification relative à Carthage.

En présence du peu de succès qu'avaient eu les tentatives faites jusqu'ici pour retrouver l'emplacement de Carthage, l'auteur s'est demandé si l'on ne pourrait procéder autrement qu'on ne l'avait fait jusqu'ici ; il s'est demandé si les opérations militaires dirigées contre Carthage ne devaient pas nécessairement renfermer des circonstances de nature à faire reconnaître dans quelle région et sur quel emplacement cette ville avait dû exister, et si en même temps elles ne pourraient servir à démontrer qu'il ne serait pas possible que les opérations de guerre dont elle avait été l'objet, se fussent accomplies dans la région et sur l'emplacement qu'on lui avait jusqu'ici attribués. De là l'examen auquel il se livre des différentes campagnes dirigées contre Carthage, qu'il envisage sous ce point de vue ;

de là aussi la conclusion à laquelle il est conduit, et qui lui fait établir que cette région et cet emplacement ne peuvent être autres que la région et l'emplacement où se trouve la ville de Bougie de l'Algérie.

Cet examen commence par une appréciation du temps qu'ont mis à se rendre en Afrique les différentes flottes qui ont eu à y transporter les armées d'invasion ; appréciation qui le conduit à constater que toutes ces traversées, sans exception, ont mis, pour exécuter ce trajet et dans la supposition qu'elles eussent eu à se diriger sur la Régence, trois fois, quatre fois plus de temps qu'elles n'en eussent dû mettre : d'où il conclut qu'elles ne se dirigeaient pas sur la Régence. Parmi ces traversées, il en est une que nous avons remarquée en raison de la célébrité du général qui l'a exécutée ; c'est celle de César, qui du cap occidental de la Sicile fait voile pour l'Afrique, et qui, au dire d'Hirtius, ayant toutes les conditions de mer et de vent favorables, aurait dû, s'il se fût dirigé sur la Régence, arriver à sa destination en un jour et une nuit ; tandis qu'il emploie à sa traversée quatre jours et trois nuits, c'est-à-dire quatre fois autant de temps qu'il en aurait dû mettre. Des différences analogues se montrent invariablement dans toutes les traversées, qui se font de Sicile en Afrique ; et ces traversées qui avec de pareilles différences ne peuvent s'expliquer quand on les suppose dirigées sur la Régence, ne sont plus que des traversées régulières du moment qu'on admet qu'elles le furent sur l'Algérie ; le temps qu'elles emploient n'est plus dans ce cas que celui qu'elles y doivent employer. L'auteur passe ensuite à l'appréciation des campagnes mêmes, et commence par celle des Syracusains.

Avant que les Romains ne parussent en Afrique, les Syracusains y avaient porté la guerre. Attaqués en Sicile par les Carthaginois, ils avaient voulu à leur tour les attaquer sur leur propre territoire, et ils y avaient réussi. Ils s'y maintinrent pendant quatre ans ; mais ils finirent par succomber, après des alternatives de succès et de revers. C'est dans la province de Constantine que s'est faite la campagne. L'auteur les suit dans leurs principales opérations ; ainsi, il nous les montre débarquant sur un point de la côte où, d'après le récit des historiens, auraient existé des carrières : ces carrières sont pour lui les célèbres carrières du Filfila de la province de Constantine. Il les suit dans leur marche sur Adrumète, et signale au sud de la baie de Collo un port naturel qui présente les conditions que la tradition attribue au port d'Adrumète. Il les suit encore jusqu'à une ville du nom de Clupea, appelée à figurer dans toutes les campagnes dirigées contre Carthage, et dont le nom, qui a le sens de *bouclier*, était tiré de la configuration de la localité sur laquelle ou près de laquelle elle était située. L'auteur reconnaît cette localité dans la presqu'île qui est au nord de la baie de Collo, et dont la forme est exactement celle d'un bouclier. Une des plus importantes circonstances que donne lieu de constater l'examen de cette campagne, est l'existence, dans les régions où était Carthage, de deux villes du nom de Tunès, dont l'une aurait été à 80 lieues de Carthage et l'autre à 5 lieues seulement, et qui sont assez clairement indiquées chez les historiens pour qu'il n'y ait pas possibilité de les confondre. L'auteur fait remarquer que jusqu'ici on n'en retrouve qu'une dans la Régence de Tunis ; et il ajoute qu'il n'y aura pas possibilité à ce qu'on les y retrouve toutes les deux, en raison de la grande distance à laquelle il faudrait que l'une d'elles fût portée de la Carthage de la Régence. De ces deux villes, l'une d'elles, celle qui était à 80 lieues de Carthage , est placée par l'auteur dans la baie de Collo, où elle se trouve être dans le voisinage du port d'Adrumète, ce qui est conforme à la tradition qui rapporte que ces deux villes étaient dans le voisinage l'une de l'autre. Quant à la seconde, quant à celle qui était à 5 lieues de Carthage, il la place dans le golfe de Bougie, sous la vue de cette ville, au lieu même où l'on vient de découvrir une inscription qui constate qu'il s'y touvait des eaux chaudes, ce qui est également conforme à la tradition qui attribue des eaux chaudes à celle des deux Tunès qui était dans le voisinage de Carthage. — L'existence de ces deux villes du nom de

Tunès, constatée si clairement par les historiens, paraît à M. Rabusson une des principales difficultés que rencontre le système qui place Carthage dans la Régence. L'auteur examine ensuite la première guerre punique ; mais elle se passe presque toute entière en Sicile. Néanmoins les Romains y trouvent l'occasion de faire une descente en Afrique ; et dans cette descente, on les voit s'avancer jusqu'à celle des deux Tunès qui n'était qu'à quelques lieues de Carthage. Ils éprouvent un échec et se retirent.

La troisième campagne qu'il examine est celle que soutinrent contre Carthage les mercenaires qu'elle soudoyait, et qui, mécontents de ce qu'on différait de leur compter ce qui leur était dû, prirent les armes et mirent Carthage dans le plus grand embarras. La guerre qu'ils soutinrent dura trois ans. Elle fournit à l'auteur l'occasion de signaler plusieurs circonstances dont il tire parti. Ainsi, il ressort des incidents de cette guerre, qu'il devait y avoir une rivière à la proximité de Carthage ; or, il n'y en a pas près de la Carthage de la Régence ; cette rivière, l'auteur n'a point de peine à la retrouver dans celle qui coule près de Bougie. Il en ressort encore qu'il devait y avoir des montagnes à proximité de Carthage ; or, il n'y en a pas dans le voisinage de la Carthage de la Régence ; ces montagnes, l'auteur n'a pas de peine à les retrouver dans celles qui existent dans le voisinage de Bougie. L'auteur

passe à la deuxième guerre punique, qui lui fournit une circonstance dont l'explication lui semble
impossible sur le territoire de la Régence, et de-
vient très-aisée sur celui de l'Algérie. C'est celle de
la scène à laquelle donne lieu la violation par les
Carthaginois de la trève existante, à l'occasion d'un
convoi de vivres destiné à l'armée romaine, et qui,
ayant été jeté par la tempête dans le golfe de Carthage, fut saisi par les Carthaginois. Or, cette scène
mentionne de nouveau comme étant à proximité de
Carthage la rivière dont nous venons de parler, et
que l'on sait ne pas exister près de la Carthage de
la Régence ; elle mentionne également une île qui
devait être en vue de Carthage, et qui n'existe pas
davantage ; tandis que ces deux conditions se retrouvent dans le golfe de Bougie.

Tunès est encore mentionnée dans cette campagne ; on voit encore l'armée romaine s'y porter : il
s'agit de celle qui était en vue de Carthage. A ce
propos, l'auteur fait remarquer qu'il n'est pas possible d'admettre, sur le territoire de la Régence,
ces mouvements des armées romaines qui viennent
toutes jusqu'à la hauteur de Tunès. — Nous repro-
duirons le passage même dans lequel il s'attache
à le démontrer. « Pour pouvoir admettre, dit-il, que
ce fût à la Tunès de la Régence qu'abordaient les
armées ennemies que les historiens nous montrent
à chaque campagne s'avançant jusqu'à une ville
désignée sous le nom de Tunès, il faudrait en même

temps admettre que l'entrée de l'étang au fond duquel est située la Tunis de la Régence, eût été laissée libre. Or, est-il possible de le supposer? — Cette entrée, on le sait, consiste en un goulet très-étroit, et dont le passage présente des difficultés. Comment admettre que les Carthaginois, qui se seraient trouvés installés à proximité même du goulet, n'eussent pas pris la précaution bien simple d'en obstruer l'entrée?... Il y a plus, lors même qu'ils eussent négligé de le faire, nous doutons fort que les Romains en eussent profité; et tout le monde pensera avec nous que s'il eût existé du cap Bou-Saïd à la Goulette une ville telle que devait être Carthage, c'est-à-dire une ville qui devait compter peut-être trois où quatre cent mille habitants, les Romains y eussent regardé à deux fois avant de s'engager dans l'étang, où le moindre obstacle apporté à leur sortie eût été cause qu'il s'y fussent trouvés emprisonnés. Il est évident qu'ils ne l'eussent pas fait sans s'être au préalable assuré la possession de la Goulette; il est évident que de leur côté les Carthaginois la leur eussent disputée; il est évident enfin, qu'il en serait résulté sur ce point des incidents de guerre tels que les historiens n'eussent pu les passer sous silence; et cependant ils n'en font aucune mention, bien qu'ils prennent soin de nous apprendre qu'à chaque campagne les Romains s'avancent jusqu'à Tunis, et qu'il faille nécessairement en conclure qu'à chaque campagne aussi ils pénétraient dans l'étang. En résumé nous ne croyons pas plus possible de supposer que les Carthaginois auraient laissé libre l'entrée de l'étang, que d'admettre que s'ils l'eussent fait, leurs adversaires en eussent profité ; et nous y voyons un motif de plus pour renoncer à faire aborder les Romains à la Tunis de la Régence.

L'auteur arrive à la troisième guerre punique, qui amène la chute de Carthage, et à l'occasion de l'examen qu'il en fait, il produit une pièce d'un grand intérêt. M. Rabusson a retrouvé, à la bibliothèque impériale de Paris, un plan de la ville de Bougie qui évidemment remonte aux temps où cette ville était Carthage, et reproduit les dispositions de son port, si longuement décrit par les anciens. Du reste, on peut comprendre que si Bougie a été Carthage, l'état de son port ait été reproduit par les peuples de la Méditerranée qui se trouvaient être en rapport avec elle, en même temps qu'ils reproduisaient le site et l'aspect de la ville. On comprend également que, bien que par des circonstances qui ne nous sont pas connues elle ait pris un autre nom, on ait continué, en reproduisant la ville sous son nouveau nom, de reproduire le port qui en dépendait. Deux circonstances propres au plan retrouvé à la bibliothèque lui donnent un intérêt tout particulier, en même temps qu'elles constatent qu'il est postérieur à la chute de Carthage. C'est, d'une part, la présence de la digue que jetèrent les Romains pour en interdire l'accès aux assiégés; c'est, de l'autre, la coupure que les assiégés pratiquèrent sur un autre point du port pour déjouer l'effet de la mesure prise par les assiégeants : coupure du reste qui, en donnant accès à la mer du large, a fini par amener la destruction du port, lequel n'existe plus aujourd'hui.

M. Rabusson a reproduit le plan retrouvé à la bibliothèque ; et il a, de plus, sur une seconde épreuve de ce même plan, rétabli le port dans son état primitif, c'est-à-dire tel qu'il était avant le siége des Romains. Ces deux plans sont joints à la brochure. En même temps qu'il le rétablissait dans son état primitif, il reproduisait la description qu'en ont laissée les anciens, et qui s'applique de la manière la plus exacte au plan restauré. C'est également avec le secours de ce plan restauré qu'il suit et explique les incidents du siége et de la prise de la ville. L'existence d'un plan pareil, l'exactitude avec laquelle il se rapporte à la description des anciens, semblent ne pas laisser place au doute sur l'identité de Bougie avec Carthage.

L'auteur recherche si la grande Kabylie, au pied de laquelle a dû exister Carthage, ne renfermerait pas des indices qui annonçassent que cette ville a en effet existé dans le voisinage. Il cite comme ayant ce caractère : 1° l'art de fabriquer la monnaie, qui se retrouve encore chez les Kabyles du voisinage ; 2° celui de fabriquer les armes blanches,

qui existe chez les Flissas, et rappelle la célébrité
dont jouissaient les armes blanches que fabriquait
Carthage; 3° la présence chez les Kabyles d'un code
de police très-remarquable, qui ne dérive en aucune façon de la civilisation mahométane, et n'a pu
procéder que d'une civilisation très-perfectionnée.
Enfin il paraît que, d'après la déclaration très-pré-
cise d'un des membres de la commission scientifi-
que de l'Algérie, il existe tant auprès de Bougie
qu'auprès de Djigelli, qui pour l'auteur sont Carthage et Utique, des tombeaux que l'on s'accorde à
considérer comme étant de construction carthagi-
noise. A ce propos, il fait remarquer que, des ex-
plorations multipliées qui ont été faites sur le terrain où l'on plaçait Carthage, il ne résulte pas
qu'on y ait rencontré rien de pareil.

L'auteur passe ensuite à la guerre de Jugurtha,
qui à son tour va se trouver portée sur un tout autre théâtre que celui auquel on l'attribuait : elle
aura dû se faire dans la province d'Alger propre-
ment dite. Il en prend occasion d'indiquer la position de Cirta, qu'il place entre Ténès et Cherchell,
où elle se trouve être, ainsi que le dit Salluste, à
peu de distance de la mer, expression qui offrait
tant de difficultés quand il fallait retrouver la Cirta
des anciens dans la Constantine des modernes.

Salluste donne quelques indications géographi-
ques qui reçoivent de l'auteur une application
toute différente de celle qu'on en avait jusqu'ici

faite. Une des plus intéressantes est celle qui place
en Algérie les Syrtes, que l'on plaçait sous le méri-
dien de la Sicile ; et à ce sujet l'auteur fait remarquer que les dispositions attribuées par les anciens
au fond de la mer dans les Syrtes, ne se retrouvent
pas dans ce qu'on a jusqu'ici considéré comme étant
les Syrtes ; tandis que ces mêmes dispositions se
retrouvent dans les golfes des cap de Garde et cap
de Fer, qui deviennent désormais les Syrtes des
anciens.

L'auteur passe ensuite à l'examen de la campagne de Curion, lieutenant de César, et fait ressortir le passage où se trouve décrite la ville d'Utique. Il fait remarquer que le littoral à la hauteur
duquel on place Utique dans la Régence de Tunis,
diffère tellement de la description d'Hirtius, qu'on
avait été obligé de supposer qu'il avait subi de
grands changements par suite des atterrissements
du Medjerda ; de telle sorte qu'aujourd'hui Utique
se trouverait être à deux lieues dans les terres.
L'auteur fait remarquer que la description d'Hirtius s'applique exactement à Djigelli, que rien n'y
est changé, que le promontoire où Scipion avait
placé son camp y est encore, ainsi que le marais
dont la présence obligeait de faire un circuit, pour
se rendre de ce promontoire à Utique ; marais que
reproduisent en effet les cartes du dépôt de la
guerre. L'auteur fait encore ressortir l'impossibilité
d'expliquer, sur le territoire de la Régence, plu-

sieurs manœuvres de la campagne de Curion, qui deviennent au contraire faciles à expliquer sur le territoire de l'Algérie. La dernière campagne qu'il examine est celle de César, laquelle aurait eu pour théâtre la province de Constantine ; et dans la province de Constantine, le littoral compris entre la baie de Collo et la vallée du Sassaf ; campagne non moins digne de l'attention des militaires que les autres campagnes de ce grand capitaine, mais qui a pour nous cet intérêt de plus qu'elle s'est faite sur nos possessions africaines. Elle comprend deux phases distinctes ; celle où César et son adversaire se tiennent en échec sous les murs de Ruspina, dans lequel l'auteur voit Philippeville ; et celle où, obligé de quitter Philippeville, César s'engage dans une région accidentée pour y faire la guerre de position que décrit Hirtius ; guerre qui suggère à l'auteur la remarque suivante que nous reproduisons dans ses termes mêmes, en raison de l'importance qu'elle nous paraît avoir. « L'intervalle d'un mois environ qui s'écoule entre le jour où César quitte son camp de Ruspina et celui où il paraît sous les murs de Thapsus, est rempli par une série de manœuvres à l'aide desquelles César et son adversaire se tiennent réciproquement en échec, et qui consistent à aller occuper sur des hauteurs une position, à s'y retrancher, à couvrir de ce point les détachements que l'on envoie aux vivres, à empêcher s'il se peut e son adversaire n'en fasse autant, etc.; puis à

décamper, pour aller prendre plus loin, sur d'autres hauteurs, une position analogue, et à répéter
la même manœuvre jusqu'à ce que se présentât
l'occasion de livrer bataille dans des circonstances
favorables : occasion du reste que ne rencontre au-
cun des deux adversaires pendant cet intervalle de
temps. Mais une pareille guerre de position n'est
possible que sur un terrain très-accidenté, tel
qu'en effet se trouve être le massif des Mehennas,
que nous lui assignons pour théâtre. Or, ces conditions se rencontrent-elles dans la Régence de
Tunis, aux abords de la ville de Monestir, que l'on
considère comme ayant été la Ruspina de César, et
aux environs de laquelle par conséquent on ad-
admettait que se seraient accomplies ces manœuvres militaires? — Il n'en est rien. Ce qu'on trouve
aux abords de Monestir, et sur tout le littoral de
cette partie de la Régence, ce sont des terrains aussi
unis, aussi dépourvus d'accidents topographiques
que les régions de notre Champagne, et qui s'éten-
dent jusqu'à une grande distance du littoral. Il est
donc matériellement impossible que des manœuvres telles que celles décrites par Hirtius, et dans
lesquelles figurent à chaque pas des hauteurs, aient
pu se faire aux alentours de Monestir. Ce qui le
rend plus invraisemblable encore, c'est que les adversaires de César avaient sur lui une grande su-
périorité en cavalerie et en excellente cavalerie ; ce
qui eût infailliblement amené la destruction de son

armée, s'il eût songé à faire dans les plaines de Monestir le genre de guerre que décrit Hirtius.

La campagne de César est la dernière qui soit examinée dans la brochure de M. Rabusson.

Telle est la rectification qu'apporte dans la géographie ancienne de l'Afrique le mémoire que nous venons d'examiner ; mémoire dont l'importance se fait aisément apprécier, soit que l'on consi dère cette rectification au point de vue de la ville même qui en est l'objet, car il s'agit d'une ville qui pendant plusieurs siècles a dominé sur une partie de la Méditerranée ; soit qu'on la considère au point de vue de la géographie générale de l'Afrique, car il ne se peut que la province de Carthage soit reportée à cent lieues du point où on la plaçait, sans que toutes les provinces adjacentes ne subissent une transposition analogue, et qu'il n'en résulte la nécessité de rétablir la géographie générale de tout ce littoral ; soit qu'on la considère au point de vue de l'histoire de Rome, car la lutte que cette ville a soutenue contre Carthage, et qui occupe une si grande place dans ses annales, est désormais transportée sur un théâtre autre que celui sur lequel on la portait ; soit enfin que l'on considère cette rectification au point de vue de l'histoire de l'Algérie, car désormais cette histoire rentre en possession de deux mille ans de ses annales qui étaient perdus pour elle.

Ce sera avec un vif intérêt que nous suivrons

M. Rabusson dans la démonstration qu'il annonce devoir faire des autres rectifications indiquées dans sa préface ; il en est en effet plusieurs qui ne le cèdent pas en importance à celle qui vient d'être l'objet de notre examen.

IMPRIMERIE DE MUNZEL FRÈRES, A SCEAUX.